Knusperchen mit Joghurt und Beeren

Blätterteigkringel mit Schokoglasur

Apfel-Karamell-Taschen

Blätterteighäppchen mit süßer Füllung

Gefüllte Champignons

Teigtaschen mit Krebsfleisch

Gemüserollen

Panierte Frischkäsebällchen mit Honigglasur

Hackbällchen mit Hoisin-Glasur

Kartoffelchips

Maniokchips mit Chili und Knoblauch

Pommes frites

Gebackene Hähnchenkeulen

Frittierte Edamame

Frittierter Blumenkohl

Blätterteig-
häppchen
(Seite 27)
Plunderteilchen
(Seite 26)

Camilla V. Saulsbury

Heißluft-fritteuse

fettarm & knusprig

Bassermann

Vorwort

Kaum jemand kann der Versuchung von goldgelben Pommes und knusprigem Schmalzgebäck, kross frittiertem oder in Ausbackteig gehülltem Gemüse widerstehen. In Fett gegarte Speisen schmecken einfach besser!

Die Gründe, warum wir bei Frittiertem immer auch ein (kleines) schlechtes Gewissen haben und es auch tatsächlich nicht allzu oft essen sollten, liegen klar auf der Hand: Frittiertes enthält viel Fett und ist damit kalorienreich. Und nicht zu vergessen: Obwohl Frittiertes so gut schmeckt, liegt es schwer im Magen.

Nun gibt es eine tolle, neue Zubereitungsmethode, mit der sich alle wunderbaren Eigenschaften, die wir an Frittiertem so lieben – außen knusprig-kross, innen saftig und aromatisch –, erzielen lassen und die gleichzeitig wesentlich gesünder und kalorienärmer ist als das Frittieren in Fett. Das klingt fast zu schön, um wahr zu sein. Aber durch technische Innovation ist es nun möglich, und zwar mit heißer Luft!

Die Zubereitung in der Heißluftfritteuse ist schnell und einfach und gelingt zudem ohne die lästigen Begleiterscheinungen von traditionellem Frittieren, wie das Entsorgen des Frittierfetts, die Gefahr von siedend heißen Ölspritzern oder die Geruchsbelästigung. Einfach genial!

Inhalt

Heißluftfrittieren: heiße Luft statt heißes Fett

Heißluftfritteusen sind eine tolle Sache, denn sie können mehr als nur frittieren und damit Geschmack und Textur von Fettfrittiertem erzeugen. Die gleichmäßige trockene Hitze ist geradezu ideal für andere tägliche Küchenaufgaben. Durch die spezielle Heiztechnik (bei bestimmten Modellen entfällt sogar das Vorheizen) mit zirkulierender heißer Luft herrscht im Garraum eine einheitliche Temperatur ohne heißere und kühlere Bereiche. Dadurch kann das Gargut gleichmäßiger und schneller garen – perfekt, um Fleisch, Fisch und Gemüse zu braten, aber auch, um bei unterschiedlichsten Zutaten von Garnelen über Hamburger bis hin zu Fischfilets Grillaromen zu erzeugen.
Wenn Sie knusprige Backwaren wie frisch vom Bäcker haben wollen, ist die extraschnelle Zirkulationshitze einer Heißluftfritteuse geradezu ideal: Das Wasser im Fett von Blätterteig verdampft schnell und sorgt so dafür, dass der Teig schön aufgeht und blättrige Schichten bildet; der Zucker in Plätzchen- oder Muffinteig bräunt schneller und entwickelt dadurch sein volles Aroma sowie eine knusprige Kruste. Backen in der Heißluftfritteuse ist in der Regel 15–20 Prozent schneller als in einem konventionellen Ofen.
Heißluftfritteusen sind auch bestens dafür geeignet, Reste vom Vortag aufzuwärmen. Dafür muss die Fritteuse einfach nur auf 150 °C eingestellt werden. Man gibt die Reste in den Garkorb (ohne ihn zu überfüllen) und erhitzt sie 10–15 Minuten.

Tipps zum Garen in der Heißluftfritteuse

Mit den folgenden Tipps wird das Garen in der Heißluftfritteuse noch einfacher:
Überfüllen vermeiden. Ist zu viel Gargut im Garkorb, kann es nicht gleichmäßig garen und bräunen. Das Ergebnis wird weniger knusprig.
Gargut schütteln. Gelegentliches Durchschütteln des Garguts sorgt dafür, dass es gleichmäßiger gart und rundum knusprig wird. Das Gargut sollte nur geschüttelt oder gewendet werden, wenn es im Rezept angegeben ist. Dafür den Garkorb mit Ofenhandschuhen oder Topflappen am Griff aus dem Gerät nehmen und schütteln. Bei manchen Geräten erübrigt sich dieser Schritt, da sie über ein Rührelement verfügen, das dafür sorgt, dass das Gargut ständig bewegt und dadurch gewendet wird.
Einfetten. Damit die Textur leicht und knusprig wird, ist es bei vielen Gerichten von Vorteil, das Gargut dünn einzufetten. Besonders geeignet dafür ist Backtrennspray, welches das Gargut mit einem dünnen, gleichmäßigen Fettfilm überzieht. Halten Sie sich an entsprechende Vorgaben in den Rezepten.
Früh prüfen. Prüfen Sie schon kurz vor dem Ende der angegebenen Garzeit, ob das Gargut gar und kross ist.

Geeignetes Kochgeschirr. Man kann in vielen Heißluftfritteusen nicht nur frittieren, sondern auch backen oder braten. Dafür eignet sich Geschirr aus Glas, Metall, Keramik und Silikon in passenden Größen. Runde oder quadratische Formen sollten nicht größer als 15 cm (Durchmesser oder Kantenlänge) sein, damit rundum noch etwas Platz im Garkorb bleibt, und nicht höher als 7,5 cm. Zum Backen von Muffins oder anderen kleinteiligen Backwaren eignen sich doppelwandige Alu- oder Papierbackförmchen und Silikonbackförmchen.
Alufolie richtig einsetzen. Alufolie lässt sich sehr gut in Heißluftfritteusen verwenden. In einigen Rezepten in diesem Buch wird der Garkorb mit Alufolie ausgelegt. Dabei sollten Sie unbedingt darauf achten, dass der Boden des Korbs nie vollständig mit Alufolie bedeckt ist, sondern dass ein mindestens 1 cm breiter Rand frei bleibt. Dadurch ist genug Platz für die Luftzirkulation und der Garprozess wird nicht beeinträchtigt. Falls Ihr Gerät vorgeheizt werden muss, darf die Alufolie erst nach dem Vorheizen in den Garkorb gelegt werden, sonst kann sie an das Heizelement angesaugt werden und Feuer fangen.

Sicherheitstipps

Heißluftfritteusen sind wesentlich sicherer als Fettfritteusen. Dennoch gilt es, einige Sicherheitsmaßnahmen zu treffen und einige Aspekte zu beachten:
Hitze. Heißluftfritteusen können sehr heiß werden, insbesondere wenn bei Maximaltemperatur gegart wird. Verwenden Sie deshalb zum Öffnen und Schließen des Geräts oder beim Entnehmen und Wiedereinsetzen des Garkorbs Ofenhandschuhe oder Topflappen.
Dampf. Im Betrieb werden heiße Luft und Dampf aus dem Gerät abgeführt. Achten Sie darauf, dass das Gerät frei steht, und seien Sie besonders vorsichtig beim Öffnen: Lassen Sie erst die Dampfwolke entweichen, bevor Sie den Garkorb entnehmen.
Heißer Garkorb. Wenn das Garprogramm beendet ist, ist insbesondere der Garkorb sehr heiß. Stellen Sie ihn deshalb nie ohne Untersetzer auf hitzeempfindliche Flächen. Dadurch vermeiden Sie Brandflecken oder verschmorte Stellen.
Nicht überfüllen. Jeder direkte Kontakt des Garguts mit dem Heizelement muss vermieden werden. Prüfen Sie vor dem Start des Garprogramms lieber zweimal, dass keine Zutat aus dem Behälter fallen kann und in den Innenraum der Fritteuse gelangt.
Frei halten. Stellen Sie während des Garprogramms nichts auf das Gerät oder vor die Lüftungsschlitze. Positionieren Sie das Gerät mit einem Mindestabstand von 15 cm von der Wand auf einer ebenen Arbeitsfläche.
Aufsicht. Lassen Sie das Gerät während des Betriebs nicht längere Zeit unbeaufsichtigt. Ziehen Sie nach dem Garen sofort den Stecker.
Bei Defekt Finger weg. Es mag selbstverständlich klingen, aber schließen Sie das Gerät nicht an die Stromquelle an wenn Kabel, Stecker, Garkorb oder andere Teile nicht in Ordnung sind.
Hände trocknen. Bedienen Sie das Gerät immer nur mit ganz trockenen Händen.

Schokoladenküchlein mit flüssigem Kern

Blätterteigkringel mit Schokoglasur

Klassische Donuts

Knusperchen mit Joghurt und Beeren

Holländische Pfannkuchen

Apfel-Karamell-Taschen

Plunderteilchen mit Schokoladen-Creme-Füllung

Gefüllte Champignons

Blätterteighäppchen mit süßer Füllung

Teigtaschen mit Krebsfleisch

REZEPTE

Gemüserollen

Knusperspeck

Zwiebelblüte mit cremigem Chipotle-Dip

Lammkoteletts mit Minzsauce

Panierte Frischkäsebällchen mit Honigglasur

Wantan-Chips mit pikantem Artischockendip

Hackbällchen mit Hoisin-Glasur

Kartoffelchips

Süßkartoffelchips

Maniokchips mit Chili und Knoblauch

Gebackene Hähnchenkeulen

Frittierte Edamame

Frittierter Blumenkohl

Pommes frites

Ratatouille

Karamellpopcorn

Veggie-Burger mit Chili-Mayonnaise

Panierte Tilapiafilets mit Wassermelonensalsa

Kürbis mit herbstlicher Fleischfüllung

Knusperchen mit Joghurt und Beeren

Weil diese Cupcakes auch superpraktisch für unterwegs sind, kann man sie füllen und auf dem Weg zur Arbeit, zum Sport oder bei einem Spaziergang genießen. Für ein sommerliches Picknick die Knusperchen in einen luftdicht schließenden Behälter geben, Joghurt und Obst separat in die Kühltasche packen und die Knusperchen kurz vor dem Verzehr füllen.

Für 4 Portionen

8	Muffinförmchen aus Alu oder Papier
3 EL	flüssiger Honig oder Zuckerrübensirup
1½ EL	Kokosöl, zerlassen
1 TL	Vanillearoma
1 Msp.	Salz
110 g	Haferflocken
2 EL	gemahlene Leinsamen

Füllung

175 g	Vanillejoghurt
125 g	frische Beeren (z. B. Blau- oder Himbeeren) oder gewürfeltes Obst

1. Die Heißluftfritteuse auf 160 °C vorheizen, falls erforderlich. Acht Muffinförmchen aus Alu oder Papier bereitstellen und jeweils zwei zum Verstärken ineinandersetzen.
2. Honig, Kokosöl, Vanillearoma und Salz in einer mittelgroßen Schüssel glatt verrühren. Haferflocken und Leinsamen sorgfältig untermischen.
3. Die Masse in die vorbereiteten Förmchen füllen. Die Mitte eindrücken, sodass eine tassenartige Form entsteht.
4. Die Förmchen in gleichmäßigen Abständen in den Garkorb setzen und 14–18 Minuten goldbraun garen. Auf ein Kuchengitter heben und erkalten lassen.
5. Zum Servieren die Knusperchen mit Joghurt und Beeren füllen. Sofort servieren.

Tipps

Sie können die gemahlenen Leinsamen durch 1½ Esslöffel Chiasamen ersetzen.

Statt des Kokosöls können Sie dieselbe Menge zerlassene Butter verwenden.

Ohne Füllung halten sich die Knusperchen in einem luftdichten Behälter bis zu 3 Tage bei Raumtemperatur.

Variationen

Für ein Dessert können Sie den Joghurt durch steif geschlagene Sahne, Vanillepudding oder -eis ersetzen.

Klassische Donuts

Selbst gemachte Donuts können manchmal zu einem Tagesprojekt ausarten – aber nicht, wenn man eine Heißluftfritteuse hat. Das Ergebnis ist einfach umwerfend: herrlich knusprige, warme Kringel mit viel weniger Fett und Kalorien als klassisch in Fett ausgebackene Donuts. Wenn Sie sich ein- oder zweimal am Grundrezept versucht haben, können Sie in Sachen Glasuren und Beläge Ihrer Fantasie freien Lauf lassen.

Für 6–8 Portionen
(Foto auf Seite 16)

210 g	Weizenmehl
1½ TL	Backpulver
½ TL	Salz
1 Msp.	frisch geriebene Muskatnuss (optional)
160 g	Zucker
2	Eier (Raumtemperatur)
2½ EL	Milch (Raumtemperatur)
2 EL	Butter, zerlassen und abgekühlt
1 TL	Vanillearoma
	Puderzucker

1. Das Mehl in einer Schüssel mit Backpulver, Salz und, falls verwendet, Muskatnuss mischen.

2. Zucker und Eier in einer zweiten, mittelgroßen Schüssel mit einem Handmixer auf mittlerer bis hoher Stufe 3–5 Minuten hell und schaumig rühren. Dann auf niedriger Stufe Milch, Butter und Vanillearoma einarbeiten. Die Mehlmischung kurz unterkneten. Den Teig mit Frischhaltefolie abgedeckt 30 Minuten im Kühlschrank ruhen lassen, bis er so fest ist, das er ausgerollt werden kann.

3. Die Heißluftfritteuse auf 200 °C vorheizen, falls erforderlich.

4. Auf einer bemehlten Arbeitsfläche den Teig 5 mm dick ausrollen oder ausziehen. Mit einem Donut-Ausstecher (6 cm Durchmesser, siehe Tipp) Ringe ausstechen und auf einen Bogen Backpapier heben (Achtung, der Teig ist sehr weich). Die Teigreste zusammenkneten, ausrollen und weitere Donuts ausstechen.

5. Je nach Fassungsvermögen 2–3 Donuts mit 2,5 cm Abstand in den Garkorb legen und 3 Minuten frittieren. Mit einem Pfannenwender oder einer Küchenzange wenden und weitere 2–5 Minuten goldbraun frittieren. Zur Probe einen Holzspieß in die dickste Stelle stechen; er sollte sauber wieder herauskommen. Die Donuts auf ein Kuchengitter heben und mindestens 5 Minuten abkühlen lassen. Mit den restlichen Donuts ebenso verfahren.

6. Die Donuts mit Puderzucker bestäuben und lauwarm oder kalt servieren.

Tipp

Wenn Sie keinen Donut-Ausstecher haben, können Sie eine runde Ausstechform (6 cm Durchmesser) verwenden und mit einer anderen Form 2,5 cm große Löcher in der Mitte ausstechen.

Variation

Donuts mit Zimtzucker

Ersetzen Sie die Muskatnuss durch ¼ Teelöffel Zimtpulver und bestreuen Sie die fertigen Donuts statt mit Puderzucker mit einer Mischung aus 3 Esslöffeln Zucker und 1½ Teelöffeln Zimtpulver.

Klassische Donuts
(Seite 14)

Schokoladenküchlein
mit flüssigem Kern
(Seite 18)

Schokoladenküchlein mit flüssigem Kern

Diese Küchlein sind ein französischer Klassiker – kein Wunder bei der unschlagbaren Kombination aus warmem, saftigem Schokoladenkuchen und samtiger, cremiger Schokoladensauce. Für diesen Hochgenuss muss man nicht in ein schickes französisches Restaurant gehen. In der Heißluftfritteuse gelingen diese Küchlein ohne großen Aufwand und völlig problemlos.

Für 2 Portionen
(Foto auf Seite 17)

Backtrennspray
60 g Zartbitter-Schokoladentröpfchen
4 EL Butter, in kleinen Stücken
3 EL Zucker
½ TL Instant-Espressopulver
¼ TL Salz
½ TL Vanillearoma
1 Ei (Größe L)
1 Eigelb (Größe L)
2 EL Weizenmehl
1 EL Puderzucker

Zum Servieren
Vanilleeiscreme
geschlagene Sahne
Himbeeren oder in Scheiben geschnittene Erdbeeren

1. Die Heißluftfritteuse auf 200 °C vorheizen, falls erforderlich. 2 Ramequinförmchen (à 175 ml Inhalt) großzügig mit Backtrennspray einfetten. Schokoladentröpfchen und Butter in eine mittelgroße mikrowellengeeignete Schüssel geben und in der Mikrowelle bei hoher Leistung 30 Sekunden schmelzen. Umrühren und weitere 30 Sekunden erhitzen. Dann 30 Sekunden kräftig rühren, bis Schokolade und Butter geschmolzen sind und die Masse glatt ist. Zucker, Espressopulver, Salz und Vanillearoma unterrühren und alles 2 Minuten abkühlen lassen.

2. Ei und Eigelb sorgfältig einarbeiten. Das Mehl über die Masse streuen und unterziehen.

3. Den Teig in die vorbereiteten Förmchen füllen.

4. Die Förmchen in gleichmäßigem Abstand in den Garkorb stellen und 8–13 Minuten garen, bis die Oberfläche trocken, der Kern aber noch flüssig ist. Zur Probe einen Holzspieß in die Mitte stechen; es sollte noch flüssiger Teig daran haften. Die Förmchen auf ein Kuchengitter heben und 3 Minuten abkühlen lassen.

5. Die Küchlein mit einem Messer vom Rand der Förmchen lösen und auf Dessertteller stürzen. Mit dem Puderzucker bestäuben und sofort mit Eis und/oder Sahne und Beeren servieren.

Tipps

Die Törtchen sollten nicht länger als 3 Minuten in den Förmchen abkühlen, da der Teig durch die Strahlungshitze der Förmchen weiterbackt und somit auch der flüssige Kern immer fester wird.

Sie können das Espressopulver durch 1 Teelöffel Instant-Kaffeepulver ersetzen.

Holländische Pfannkuchen

Diese Pfannkuchen – außen knusprig, innen luftig-weich – sind bestens geeignet für ein gemütliches Frühstück, als Mittagsimbiss oder Abendessen oder als Dessert. Der Teig ist ruckzuck zusammengerührt, sodass Sie diese Pfannkuchen bestimmt häufiger zubereiten werden.

Ergibt 2 Stück

Backtrennspray

2	Eier (Größe L)
60 g	Weizenmehl
2 EL	Puderzucker
1 Msp.	Salz
125 ml	Milch (Raumtemperatur)
1 EL	Butter, gewürfelt

Zum Servieren

Beeren oder gewürfeltes Obst
Ahornsirup, Honig oder Agavendicksaft
Konfitüre oder Kompott

1. Die Heißluftfritteuse auf 200 °C vorheizen, falls erforderlich. Eine runde Backform (15 cm Durchmesser) mit Backtrennspray einfetten. Die Eier in einer mittelgroßen Schüssel verquirlen. Mehl, 1 Esslöffel Puderzucker, Salz und Milch zugeben und alles zu einem klümpchenfreien dünnen Teig verarbeiten.
2. Die Butter in die Form geben. Die Backform in die Heißluftfritteuse einsetzen und 45–90 Sekunden erhitzen, bis die Butter geschmolzen ist.
3. Die Form aus der Fritteuse nehmen und die Butter durch Schwenken auf dem ganzen Boden verteilen. Den Teig einfüllen und die Form sofort wieder in die Fritteuse einsetzen. Den Pfannkuchen 9–13 Minuten backen, bis er aufgegangen und goldbraun ist.
4. Den Pfannkuchen halbieren, mit dem restlichen Puderzucker bestreuen und sofort mit einer Beilage servieren.

Tipps

Die Butter kann durch dieselbe Menge neutrales Pflanzenöl, Butterschmalz, natives Oliven- oder Kokosöl ersetzt werden. Öl oder Butterschmalz wie in Schritt 2 beschrieben in die Form geben und erhitzen, bevor der Teig eingefüllt wird.

Statt Kuhmilch können Sie auch Hanf-, Mandel-, Soja- oder Reisdrink verwenden.

Variationen

Zitronen-Himbeer-Pfannkuchen

Rühren Sie im ersten Schritt 1 Teelöffel geriebene Zitronenschale in den Teig. Wenn der Teig in Schritt 3 in die Form gefüllt ist, setzen Sie 60 g frische Himbeeren hinein. Servieren Sie den Pfannkuchen mit Puderzucker bestäubt und mit frisch gepresstem Zitronensaft beträufelt.

Apfelpfannkuchen

Rühren Sie in Schritt 1 zusätzlich ¼ Teelöffel Apfelstrudelgewürz in den Teig. Schälen und entkernen Sie einen halben säuerlichen Apfel und schneiden Sie ihn in Spalten. Legen Sie die Spalten in Schritt 3 in die gefettete Form und gießen Sie den Teig darüber.

Blätterteigkringel mit Schokoglasur

Kaum zu glauben, dass diese Küchlein schon in wenigen Minuten zubereitet sind. Die tolle Kombination aus Texturen und Aromen mit luftig-knusprigen Teigschichten und süßer schokoladiger Glasur ist einfach klasse.

Ergibt 9 Stück

Blätterteigkringel

Weizenmehl
250 g fertig ausgerollter Blätterteig (Kühlregal oder tiefgekühlt, aufgetaut)

Schokoglasur

3 EL Kakaopulver
1 EL Butter, in kleinen Stückchen
2 EL kochend heißes Wasser
110 g Puderzucker
½ TL Vanillearoma

Tipps

Falls Sie keinen Donut-Ausstecher haben, verwenden Sie eine runde Ausstechform und stechen dann in der Mitte 2,5 cm große Stücke aus.

Blätterteig verliert schnell seine knusprig-luftige Textur, weshalb dieses Gebäck rasch nach der Zubereitung serviert werden sollte.

1. Die Heißluftfritteuse auf 180 °C vorheizen, falls erforderlich.

2. Für die Kringel den Blätterteig auf einer leicht bemehlten Arbeitsfläche gegebenenfalls leicht ausrollen und mit einer Donut-Ausstechform (7,5 cm Durchmesser; siehe Tipp links) neun Ringe ausstechen.

3. Je nach Fassungsvermögen zwei bis drei Blätterteigringe mit je 2,5 cm Abstand in den Garkorb legen (die restlichen Teigringe inzwischen im Kühlschrank aufbewahren) und 10–15 Minuten backen, bis sie aufgegangen und goldbraun sind. Auf ein Kuchengitter heben und 15 Minuten abkühlen lassen. Mit den restlichen Teigringen ebenso verfahren. Einen Bogen Backpapier unter das Gitter schieben.

4. Die ausgestochenen Teigstücke aus der Ringmitte in gleichmäßigen Abständen in den Garkorb geben und 7–10 Minuten backen, bis sie aufgegangen und goldbraun sind. Auf das Kuchengitter heben und 15 Minuten abkühlen lassen.

5. Für die Glasur Kakaopulver und Butter in einer kleinen Schüssel mit dem heißen Wasser verrühren, bis die Butter geschmolzen und die Masse glatt ist. Puderzucker und Vanillearoma glatt unterrühren. Die abgekühlten Blätterteigkringel damit beträufeln.

Apfel-Karamell-Taschen

Apfel, Karamell und Zimt sind eine unwiderstehliche Kombination und ergeben eine fantastische Füllung für superleckere Teigtaschen, die mit fertig ausgerolltem Mürbeteig aus dem Kühlregal ruckzuck zubereitet sind.

Ergibt 4 Stück

375 g	säuerliche Äpfel, z. B. Gala, Braeburn oder Boskop, geschält und klein gewürfelt
3 EL	Zucker
¾ TL	Zimt
40 g	Sahnekaramellbonbons, gehackt
1 EL	frisch gepresster Zitronensaft
425 g	fertig ausgerollter Mürbeteig (Kühlregal oder aufgetaute TK-Ware)
1	Ei (Größe L)
1 EL	Wasser

Tipp

Die erkalteten Teigtaschen halten sich in einem luftdicht schließenden Behälter bis zu 3 Tage im Kühlschrank.

1. Die Heißluftfritteuse auf 180 °C vorheizen, falls erforderlich. Die Äpfel in einer mittelgroßen Schüssel mit 2 Esslöffeln Zucker, Zimt, Sahnekaramellbonbons und Zitronensaft vermengen.

2. Den Mürbeteig auf einer Arbeitsfläche ausbreiten bzw. zu einem Rechteck ausrollen und in acht gleich große Quadrate/Rechtecke oder Dreiecke schneiden. Die Apfelfüllung gleichmäßig auf vier Teigstücken verteilen. Dabei einen 2 cm breiten Rand lassen. Den Teigrand mit Wasser bestreichen. Jeweils mit den restlichen Teigstücken bedecken und die Ränder rundum mit einer Gabel gut zusammendrücken, damit die Füllung beim Backen nicht austreten kann. Oben je drei kleine Schlitze schneiden.

3. Ei und Wasser in einer Tasse verquirlen. Die Teigtaschen damit bestreichen und mit dem restlichen Zucker bestreuen.

4. Zwei Teigtaschen mit gleichmäßigem Abstand in den Garkorb legen und 20–25 Minuten goldbraun backen (die anderen beiden Teigtaschen so lang im Kühlschrank aufbewahren). Auf ein Kuchengitter heben und abkühlen lassen.

5. Die anderen beiden Teigtaschen ebenfalls wie oben beschrieben backen. Warm oder kalt servieren.

Plunderteilchen mit Schokoladen-Creme-Füllung

Diese Plunderteilchen aus fertigem Frischteig für Croissants haben es in sich, denn sie kommen mit einer Überraschungsfüllung aus schokoladig-leckeren Keksen daher.

Ergibt 8 Stück
(Foto auf Seite 4)

1 Dose (250 g) Frischteig für Croissants (Kühlregal), z. B. Knack&Back
125 ml Milch
8 Schokoladenkekse mit Cremefüllung, z. B. Oreos
Backtrennspray
Puderzucker

1. Die Heißluftfritteuse auf 180 °C vorheizen, falls erforderlich. Den Teig aus der Dose nehmen, aber nicht ausrollen, und quer in 16 gleich große Scheiben schneiden. Mit den Fingern zu Kreisen ausziehen, die etwas größer sind als der Durchmesser der Kekse.
2. Die Milch in eine Schale füllen. Die Schokoladenkekse kurz darin einweichen, abtropfen lassen und je auf einen Teigkreis setzen. Mit den restlichen Teigkreisen bedecken. Die Ränder zusammendrücken. Die Teigtaler mit Backtrennspray einfetten.
3. Die Hälfte der Teigtaler mit je 5 cm Abstand in den Garkorb legen und 8–12 Minuten backen, bis sie schön aufgegangen und goldbraun sind. Auf ein Kuchengitter heben und mit Puderzucker bestäuben. Mit den restlichen Teigtalern ebenso verfahren. Warm servieren.

Tipp

Dieses Plundergebäck schmeckt frisch zubereitet am besten.

Variation

Sie können für dieses Rezept auch andere Plätzchen mit Cremefüllung nehmen.

Blätterteighäppchen mit süßer Füllung

In Teig ausgebackene Schokoladenriegel sind ein Trend, der von Großbritannien über den Teich nach Amerika geschwappt ist. Mit einer Heißluftfritteuse können Sie nun ganz unkompliziert einmal ausprobieren, ob dieser Trend auch Sie überzeugt.

Ergibt 25 Stück
(Foto auf Seite 4)

Weizenmehl
250 g ausgerollter Blätterteig (Kühlregal oder TK-Ware, aufgetaut)
13 Mini-Schoko-Erdnuss-Riegel, halbiert
Puderzucker

1. Die Heißluftfritteuse auf 180 °C vorheizen, falls erforderlich. 25 kleine Alu- oder Papierbackförmchen bereitstellen.
2. Den Blätterteig auf einer leicht bemehlten Arbeitsfläche zu einem 25 cm großen Quadrat ausrollen. Die Teigplatte in 25 kleine Quadrate à 5 x 5 cm schneiden.
3. Die Ränder der Quadrate dünn mit Wasser bestreichen. Je einen halbierten Schokoriegel daraufsetzen. Die Ecken über dem Riegel zusammenfassen und die Kanten zusammendrücken. Mit der Naht nach unten in die vorbereiteten Förmchen setzen.
4. Je nach Fassungsvermögen sechs bis sieben Förmchen in gleichmäßigen Abständen in den Garkorb setzen (die restlichen so lange im Kühlschrank aufbewahren) und 8–12 Minuten backen, bis der Blätterteig schön aufgegangen und goldbraun ist. Auf ein Kuchengitter heben und mindestens 5 Minuten abkühlen lassen. Mit den restlichen Teilchen ebenso verfahren. Vor dem Servieren mit Puderzucker bestäuben.

Tipps

Die Backförmchen sorgen dafür, dass auslaufende Schokolade nicht den Garkorb und den Innenraum der Fritteuse verschmutzt.

Blätterteiggebäck verliert schnell seine knusprig-luftige Textur, deshalb sollte dieses Gebäck möglichst rasch nach der Zubereitung serviert werden.

Aufbewahrung

Die Häppchen können bis zu Schritt 3 vorbereitet und locker in Frischhaltefolie geschlagen bis zu 1 Tag vor dem Backen im Kühlschrank aufbewahrt werden. Alternativ setzen Sie die rohen Häppchen auf einen Teller, stellen sie ins Gefrierfach, bis sie hart sind, und füllen sie dann in einen Gefrierbeutel. Lassen Sie sie vor dem Backen über Nacht im Kühlschrank auftauen. Sie halten sich bis zu 2 Monate im Gefrierfach.

Gemüserollen mit Garnelen

Dieses Grundrezept lässt Ihnen kreativen Spielraum. Anstelle der Garnelen können Sie Fleischreste vom Vortag verwenden; das Gemüse können Sie nach Ihren Vorlieben oder Ihrem Kühlschrankvorrat variieren. Wichtig ist nur: die Rollen nicht zu voll packen, sonst reißen die dünnen Teigblätter.

Ergibt 10 Stück
(Foto auf Seite 32)

1 EL	Speisestärke
1 TL	Zucker
½ TL	gemahlener Ingwer
2½ EL	Sojasauce
1 TL	heller Essig oder Apfelessig
2 TL	Pflanzenöl
225 g	gemischtes Gemüse, z. B. Karotten, Weißkohl, Sellerie, Paprika, in feinen Stiften oder Streifen
40 g	abgetropfte Wasserkastanien aus der Dose, gehackt
40 g	Frühlingszwiebeln, gehackt
160 g	gegarte Garnelen, gehackt
10	Frühlingsrollen-Teigblätter (ca. 16 cm Seitenlänge; Kühlregal oder TK-Ware, aufgetaut)
	Backtrennspray

1. Die Speisestärke mit Zucker, Ingwer, Sojasauce und Essig in einer Schale glatt anrühren.

2. Das Öl in einer großen Pfanne erhitzen. Gemüsemischung, Wasserkastanien und Frühlingszwiebeln darin bei mittlerer Hitze etwa 5 Minuten dünsten, bis das Gemüse weich wird. Die Garnelen untermischen. Die angerührte Speisestärke zufügen und 1–2 Minuten rühren, bis die Mischung eingedickt ist. Die Pfanne vom Herd nehmen und den Inhalt 10 Minuten abkühlen lassen.

3. Die Heißluftfritteuse auf 200 °C vorheizen, falls erforderlich.

4. Ein Teigblatt auf der Arbeitsfläche ausbreiten. Etwa 4 Esslöffel Gemüsemischung auf dem unteren Drittel verteilen. Die beiden Seiten einschlagen und das Teigblatt aufrollen. Mit den restlichen Zutaten ebenso verfahren.

5. Je nach Fassungsvermögen drei bis vier Rollen mit je gleichmäßigem Abstand mit der Naht nach unten in den Garkorb legen. Großzügig mit Backtrennspray einfetten und 5–7 Minuten goldbraun frittieren. Sofort servieren. Mit den restlichen Rollen ebenso verfahren.

Tipps

Die Gemüserollen können bis zu einen Tag im Voraus vorbereitet werden. Bewahren Sie sie in einem luftdicht schließenden Behälter im Kühlschrank auf. Die Garzeit für gekühlte Rollen verlängert sich um 1–2 Minuten.

Die Teigblätter sollten stets mit einem feuchten Tuch bedeckt werden, da sie sehr schnell austrocknen und brüchig werden.

Variationen

Gemüserolle mit Pilzen

Lassen Sie die Garnelen weg und dünsten Sie stattdessen 250 g gehackte Pilze mit dem Gemüse an. Garen Sie die Mischung so lange, bis das Wasser verdampft ist.

Weitere Gemüserollen

Die Garnelen können durch dieselbe Menge gegartes Hühnchenfleisch, gegartes Hackfleisch oder abgetropften sehr festen Tofu ersetzt werden.

Teigtaschen mit Krebsfleisch

Diese leckere Vorspeise kennen Sie vielleicht aus asiatischen Restaurants. Sie lässt sich aber auch denkbar einfach in der Heißluftfritteuse zubereiten. Mit einem frischen Salat oder etwas bunter Rohkost wird daraus eine kleine, leckere Mahlzeit.

Ergibt 24 Stück
(Foto auf Seite 32)

Teigtaschen

125 g weicher Frischkäse
1 EL fein gehackte frische Ingwerwurzel
1 EL scharfe Chilisauce, z. B. Sriracha-Sauce
250 g gegartes Krebsfleisch aus der Dose (Asia-Markt)
4 EL fein gehackte Frühlingszwiebeln
Salz und frisch gemahlener schwarzer Pfeffer
20 Wantan-Teigblätter (ca. 9 cm Seitenlänge)
1 Ei (Größe L), verquirlt
Backtrennspray

Dip (optional)

3 EL Sojasauce
1 EL flüssiger Honig
1 EL scharfe Chilisauce, z. B. Sriracha-Sauce
1 TL Reis- oder Apfelessig
¼ TL geröstetes Sesamöl

1. Die Heißluftfritteuse auf 200 °C vorheizen, falls erforderlich.

2. Für die Teigtaschen Frischkäse, Ingwer und Sriracha-Sauce in einer mittelgroßen Schüssel glatt rühren. Krebsfleisch und Frühlingszwiebeln unterziehen. Salzen und pfeffern.

3. Falls gewünscht, für den Dip alle Zutaten in einer kleinen Schüssel glatt verrühren.

4. Sieben Teigblätter auf der Arbeitsfläche ausbreiten, siehe Tipp. Je 2 Teelöffel Krebsfleischmischung in die Mitte daraufsetzen. Die Teigränder mit einem Pinsel oder den Fingern mit Ei bestreichen. Die gegenüberliegenden Ecken zusammenfassen und die Kanten über der Füllung zusammendrücken, sodass eine x-förmige Naht entsteht.

5. Die Teigtaschen mit je etwa 2,5 cm Abstand in den Garkorb setzen. Mit Backtrennspray einfetten und 8–12 Minuten goldbraun frittieren.

6. Mit den restlichen Zutaten ebenso verfahren. Sofort servieren, nach Belieben den Dip dazu reichen.

Variation

Ersetzen Sie das Krebsfleisch durch dieselbe Menge fein gehackte gegarte Garnelen oder Hühnchenfleisch.

Tipps

Sie können für dieses Rezept Doppelrahm- oder auch fettreduzierten Frischkäse verwenden.

Sriracha-Sauce ist eine scharfe Chilisauce aus Thailand. Sie finden Sie in Asia-Märkten oder in gut sortierten Supermärkten mit Asienabteilung.

Die Teigblätter, die gerade nicht verarbeitet werden, sollten mit einem feuchten Tuch abgedeckt werden, damit sie nicht austrocknen.

Die Teigtaschen können bis zu einen Tag im Voraus vorbereitet werden. Bewahren Sie sie in einem luftdicht schließenden Behälter im Kühlschrank auf. Die Garzeit für gekühlte Teigtaschen verlängert sich um 1–2 Minuten.

Teigtaschen mit Krebsfleisch (Seite 30)
Gemüserollen
(Seite 28)

Gefüllte Champignons (Seite 34)
Knusperspeck (Seite 35)

Gefüllte Champignons

Große, flache Champignons lassen sich wunderbar mit allerlei verschiedenen Zutaten füllen, zum Beispiel mit Ei, Schinken und Parmesan – ein schnell und einfach zubereitetes Schlemmvergnügen für ein spätes Frühstück am Wochenende oder einen Brunch.

Für 2 Portionen

(Foto auf Seite 33)

2 mittlere Riesenchampignons, entstielt
2 TL Olivenöl
Salz und frisch gemahlener schwarzer Pfeffer
2 Eier (Größe L)
2 EL gehackter Prosciutto oder Kochschinken
2 EL frisch geriebener Parmesan
frisch gehacktes Basilikum oder Petersilie (optional)

1. Die Heißluftfritteuse auf 200 °C vorheizen, falls erforderlich.

2. Die Pilze mit dem Olivenöl bestreichen. Salzen und pfeffern. Mit den Lamellen nach oben dicht nebeneinander (aber ohne Berührung) in den Garkorb setzen. Die Eier vorsichtig aufschlagen und je 1 in jeden Pilz geben. Salzen und pfeffern. Gleichmäßig mit Schinken und Käse bestreuen.

3. Die Pilze 10–14 Minuten garen, bis sie weich und die Eier gestockt sind. Nach Belieben mit frischen Kräutern garnieren und sofort servieren.

Tipps

Wenn Sie nur sehr große Pilze finden, garen Sie sie nacheinander.

Für ein vegetarisches Gericht lassen Sie den Schinken einfach weg.

Knusperspeck

Braucht man eine Erklärung, warum man diesen knusprigen, salzig-süßen Frühstücksspeck liebt? Braucht man einen besonderen Grund, ihn zuzubereiten? Nein und nein. In der Heißluftfritteuse gelingt er im Handumdrehen und wird schön kross.

Für 2 Portionen
(Foto auf Seite 33)

125 g dicke Scheiben Frühstücksspeck
1½ EL brauner Zucker
¼ TL Cayennepfeffer

Tipp

Wenn Sie es nicht so pikant mögen, lassen Sie den Cayennepfeffer einfach weg.

1. Die Heißluftfritteuse auf 180 °C vorheizen, falls erforderlich.

2. Die Speckscheiben quer dritteln (so passen sie einfacher in den Garkorb).

3. Zucker und Cayennepfeffer in einer Schale mischen.

4. Die Hälfte der Speckscheiben in einer Schicht in den Garkorb legen; sie sollten dicht nebeneinanderliegen, sich aber nicht überlappen. Gleichmäßig mit der Hälfte der Zuckermischung bestreuen und 5–8 Minuten frittieren, bis der Speck knusprig und glasiert ist. Auf einen Teller heben und 5 Minuten abkühlen lassen. Mit dem restlichen Speck ebenso verfahren.

Variation

Speck natur
Bereiten Sie die Speckscheiben wie beschrieben zu, aber lassen Sie die Zuckermischung weg.

Zwiebelblüte mit cremigem Chipotle-Dip

Wer Frittiertes und Fettgebackenes liebt, wird begeistert sein von dieser knusprig-krossen Zwiebel, die nicht zuletzt auch optisch einiges hermacht. Das süße Aroma der Zwiebel wird wunderbar durch die pikant-würzige Panade ergänzt.

Ergibt 10 Portionen
(Foto auf Seite 38)

1	große Gemüsezwiebel
2	Eier (Größe L)
40 g	Semmelbrösel (am besten Panko)
2 TL	Cajun-Gewürzmischung
¼ TL	Salz

Backtrennspray
cremiger Chipotle-Dip (siehe Seite 73)

1. Von der Zwiebel oben eine 5 mm große Kappe abschneiden. Die Schale und die äußersten papierartigen Schichten der Zwiebel bis zum Wurzelansatz abziehen. Den Ansatz aber intakt lassen.

2. Die Zwiebel mit der gekappten Seite nach unten auf ein Schneidebrett setzen und mit 3 mm Abstand vom Wurzelansatz senkrecht in 16 Spalten schneiden. Die Zwiebel in eine Schüssel mit Eiswasser setzen und mindestens 4 Stunden oder über Nacht im Kühlschrank ziehen lassen (dadurch „blüht" die Zwiebel auf).

3. Die Zwiebel aus dem Wasser nehmen und sorgfältig mit Küchenpapier trocken tupfen. Die Heißluftfritteuse auf 200 °C vorheizen, falls erforderlich.

4. Die Eier in einer kleinen Schüssel verquirlen.

5. In einer zweiten Schüssel die Semmelbrösel mit Gewürzmischung und Salz mischen.

6. Die „Zwiebelblüte" gleichmäßig mit dem Ei bestreichen und sofort mit den Semmelbröseln bestreuen. Die Zwiebel großzügig mit Backtrennspray einfetten und nochmals mit Bröseln bestreuen. Übrig bleibendes Ei entsorgen.

7. Die Zwiebel in den Garkorb setzen. Zeltartig mit Alufolie bedecken und 7 Minuten frittieren. Die Folie entfernen und die Zwiebel weitere 9–14 Minuten frittieren, bis sie weich ist und die Spitzen der „Blüten" knusprig und goldbraun sind.

8. Die Zwiebel auf einen Teller heben und mit dem Chipotle-Dip sofort servieren.

Tipps

Die Eier können auch durch vier schaumig gerührte große Eiweiße ersetzt werden.

Für eine mildere Zwiebel lassen Sie die Cajun-Gewürzmischung weg oder ersetzen Sie sie durch ein Gewürz Ihrer Wahl.

Panko sind japanische Semmelbrösel, die aus Weißbrot ohne Rinde hergestellt werden. Man bekommt sie in Asia-Märkten, im Internethandel oder man reibt sie selbst aus Toastbrot. Die Brösel lässt man 2–3 Tage trocknen und mixt sie anschließend grob.

Variation

Glutenfreie Zwiebelblüte
Ersetzen Sie die Semmelbrösel durch dieselbe Menge zerdrückte Cornflakes.

Zwiebelblüte (Seite 36) mit cremigem Chipotle-Dip (Seite 73)

Panierte Frischkäsebällchen
mit Honigglasur (Seite 40)

Panierte Frischkäsebällchen mit Honigglasur

Ihre Gäste werden von diesen Frischkäse-Häppchen begeistert sein. Lassen Sie sie die Kugeln selbst mit Honig beträufeln und mit Schnittlauchröllchen bestreuen. Ein unglaublich leckerer kleiner Genuss.

Ergibt 24 Stück
(Foto auf Seite 39)

300 g	weicher Ziegenfrischkäse
80 g	Weizenmehl
40 g	Semmelbrösel (am besten Panko, siehe Tipp Seite 37)
¼ TL	frisch zerstoßener schwarzer Pfeffer
1	Ei (Größe L)
1 EL	Wasser
Backtrennspray	
1 EL	flüssiger Honig
1 EL	frische Schnittlauchröllchen

1. Den Ziegenkäse zu 24 Kugeln (je etwa 1 Esslöffel) formen. Die Kugeln auf ein kleines, mit Backpapier ausgelegtes Backblech setzen und 15 Minuten (nicht länger) ins Gefrierfach stellen.

2. Die Heißluftfritteuse auf 200 °C vorheizen, falls erforderlich.

3. Das Mehl in einen großen Gefrierbeutel mit Zippverschluss geben.

4. Semmelbrösel und Pfeffer in einem tiefen Teller mischen.

5. In einem zweiten tiefen Teller das Ei mit dem Wasser verquirlen.

6. Die Hälfte der Käsekugeln in den Mehl-Beutel geben. Den Beutel schließen und schütteln, bis die Kugeln überzogen sind. (Die restlichen Käsekugeln bis zum Frittieren im Kühlschrank aufbewahren.) Die Kugeln nacheinander aus dem Mehl nehmen, überschüssiges Mehl abklopfen. Im Ei wenden, abtropfen lassen, dann in den Semmelbröseln wenden und die Brösel leicht andrücken. Die Käsebällchen mit gleichmäßigem Abstand in den Garkorb setzen und mit Backtrennspray einfetten.

7. Die Käsebällchen 4–7 Minuten goldbraun frittieren. Auf einen Servierteller heben. Mit der Hälfte des Honigs beträufeln und mit der Hälfte der Schnittlauchröllchen bestreuen. Sofort servieren.

8. Mit den restlichen Käsebällchen ebenso verfahren. Übrig bleibendes Mehl, Ei und Brösel entsorgen.

Glutenfreie Käsekugeln

Ersetzen Sie das Weizenmehl durch glutenfreies Allzweckmehl und die Semmelbrösel durch dieselbe Menge zerdrückte Cornflakes.

Jalapeño-Frischkäsekugeln mit Honig

Ersetzen Sie den Ziegenkäse durch 375 g weichen Doppelrahmfrischkäse und den Pfeffer durch 1½ Esslöffel fein gehackte Jalapeño-Chili.

Wantan-Chips mit pikantem Artischockendip

Wantan-Chips mit Artischockendip sind ein eland, ganz besonderer Appetizer. Die Chips können schon am Vortag zubereitet und in einem luftdicht schließenden Behälter aufbewahrt werden. Auch der Dip kann bis zum Frittieren gut vorbereitet werden und abgedeckt bis zu einen Tag im Kühlschrank ziehen.

Für 4 Portionen
(Foto auf Seite 44)

Wantan-Chips

12 quadratische Wantan-Teigblätter (ca. 9 cm Seitenlänge)
Backtrennspray
Salz

Pikanter Artischockendip

1 Knoblauchzehe, fein gehackt
4 EL Frischkäse
4 EL Mayonnaise
2 EL frisch geriebener Parmesan
1 TL frisch gepresster Zitronensaft
½ TL scharfe Chilisauce (z. B. Tabasco)
250 g tiefgefrorene Artischockenherzen, aufgetaut und gehackt
Salz

1. Die Heißluftfritteuse auf 200 °C vorheizen, falls erforderlich. 2 Ramequinförmchen (à 175 ml Inhalt) mit Backtrennspray einfetten.

2. Für die Chips die Teigblätter diagonal halbieren. Mit Backtrennspray einfetten und mit Salz bestreuen.

3. So viele Teigdreiecke in den Garkorb geben, wie in einer Schicht hineinpassen, und 3–5 Minuten goldbraun frittieren. Die Chips auf ein Kuchengitter heben und vollständig erkalten lassen. Mit den restlichen Teigblättern ebenso verfahren.

4. Die Temperatur der Heißluftfritteuse auf 180 °C reduzieren.

5. Für den Dip Knoblauch, Frischkäse, Mayonnaise, Parmesan, Zitronensaft und scharfe Sauce in einer mittelgroßen Schüssel glatt rühren. Die Artischockenherzen unterziehen. Mit Salz abschmecken. Den Dip in die vorbereiteten Förmchen füllen.

6. Die Förmchen in den Garkorb setzen und den Dip 23–28 Minuten garen, bis er heiß ist und zu bräunen beginnt.

7. Den Dip warm mit den Wantan-Chips servieren.

Tipps

Anstelle der tiefgefrorenen Artischocken können Sie auch 360 g abgetropfte Artischockenherzen aus der Dose verarbeiten.

Natürlich können Sie bei Frischkäse und Mayonnaise auch zu den zu den fettarmen Versionen greifen.

Für einen milderen Dip lassen Sie die scharfe Chilisauce einfach weg.

Variation

Wantan-Chips mit pikantem Spinatdip

Ersetzen Sie die Artischockenherzen durch 250 g aufgetauten TK-Blattspinat. Den Spinat nach dem Auftauen gut abtropfen lassen, ausdrücken und fein hacken.

Wantan-Chips mit pikantem Artischockendip (Seite 42)

Kartoffelchips (Seite 46)
Maniokchips mit Chili und Knoblauch (Seite 48)
Süßkartoffelchips (Seite 47)

Kartoffelchips

Frisch gemahlen hat Pfeffer wesentlich mehr Aroma. Deshalb sollten Sie bei einem so minimalistischen Rezept wie diesem auch nicht auf die Idee kommen, fertig gemahlenen Pfeffer zu verwenden. Diese himmlischen Chips können Sie mit einem selbst gemachten Dip servieren; sie schmecken aber auch solo fantastisch.

Für 6 Portionen
(Foto auf Seite 45)

2 mittelgroße mehlig kochende Kartoffeln, geschält
Eiswasser
2 TL Olivenöl
½ TL Salz
frisch gemahlener schwarzer Pfeffer

Tipps

Achten Sie darauf, dass die Kartoffelscheiben alle gleich dick sind, damit sie gleichmäßig garen und knusprig werden.

Die Kartoffelscheiben dürfen sich im Garkorb leicht überlappen.

Während des Garvorgangs sollten Sie die Chips häufig prüfen, da sie schnell zu dunkel werden.

1. Die Kartoffeln mit einem sehr scharfen Messer oder einem Gemüsehobel quer in 2 mm dicke Scheiben schneiden. Die Kartoffelscheiben in eine große Schüssel Eiswasser geben und 30 Minuten wässern, um die Stärke herauszulösen.

2. Die Heißluftfritteuse auf 160 °C vorheizen, falls erforderlich.

3. Etwa die Hälfte der Kartoffeln aus dem Wasser nehmen, mit Küchenpapier trocken tupfen und in einer mittelgroßen Schüssel mit der Hälfte von Öl und Salz sowie einer Prise Pfeffer vermengen, bis die Scheiben gleichmäßig überzogen sind.

4. Die Kartoffelscheiben im Garkorb verteilen, siehe Tipps, und 25–30 Minuten frittieren, bis sie goldbraun und knusprig sind. Dabei, falls das Gerät kein Rührelement hat, zwei- bis dreimal durchschütteln (siehe Tipp Seite 8). Die Chips auf ein Kuchengitter geben und vollständig erkalten lassen (sie werden beim Abkühlen noch knuspriger).

5. Mit den restlichen Kartoffelscheiben ebenso verfahren.

Aufbewahrung

Die Kartoffelchips halten sich in einem luftdicht schließenden Behälter bis zu 1 Woche bei Raumtemperatur.

Süßkartoffelchips

Eine tolle geschmackliche und farbliche Alternative zu Kartoffelchips sind diese Chips aus Süßkartoffeln mit ihrem süßlichen, leicht rauchigen Aroma.

Für 6 Portionen (Foto auf Seite 45)

2	mittelgroße bis große Süßkartoffeln, geschält
1 EL	Olivenöl
1 EL	brauner Zucker
1 TL	Knoblauchpulver
½ TL	gemahlener Kreuzkümmel
½ TL	Salz

Tipp

Achten Sie bei der Zubereitung auf die gleichen Dinge wie bei den Kartoffelchips auf Seite 46.

1. Die Heißluftfritteuse auf 200 °C vorheizen, falls erforderlich. Die Süßkartoffeln mit einem sehr scharfen Messer oder einem Gemüsehobel quer in 2 mm dicke Scheiben schneiden.

2. Die Süßkartoffelscheiben in einer mittelgroßen Schüssel mit Öl, Zucker, Knoblauchpulver, Kreuzkümmel und Salz vermengen, bis die Scheiben gleichmäßig überzogen sind.

3. So viele Süßkartoffelscheiben im Garkorb verteilen, wie in einer Schicht hineinpassen, und 9–13 Minuten frittieren, bis die Ränder goldbraun sind. Dabei, falls das Gerät kein Rührelement hat, nach der Hälfte der Zeit durchschütteln (siehe Tipp Seite 8). Die Chips auf ein Kuchengitter geben und vollständig erkalten lassen (sie werden beim Abkühlen noch knuspriger).

4. Mit den restlichen Süßkartoffelscheiben ebenso verfahren.

Aufbewahrung

Die Süßkartoffelchips halten sich in einem luftdicht schließenden Behälter bis zu 1 Woche bei Raumtemperatur.

Maniokchips mit Chili und Knoblauch

Wenn Ihnen mal nach einer Abwechslung von Kartoffel- und Tortillachips ist, probieren Sie doch diese exotischen Chips aus Maniokwurzel.

Für 6 Portionen
(Foto auf Seite 45)

2	mittelgroße Maniokwurzeln, geschält
1 EL	Olivenöl
1 TL	Chilipulver
1 TL	Knoblauchpulver
½ TL	gemahlener Kreuzkümmel
½ TL	Salz

Tipp

Achten sie bei der Zubereitung auf die gleichen Dinge wie bei den Kartoffelchips auf Seite 46.

1. Die Maniokwurzeln mit einem sehr scharfen Messer oder einem Gemüsehobel quer in 2 mm dicke Scheiben schneiden.
2. Die Maniokscheiben in einer mittelgroßen Schüssel mit Öl, Chilipulver, Knoblauchpulver, Kreuzkümmel und Salz vermengen, bis die Scheiben gleichmäßig überzogen sind.
3. Die Heißluftfritteuse auf 180 °C vorheizen, falls erforderlich.
4. So viele Maniokscheiben im Garkorb verteilen, wie in einer Schicht hineinpassen, und 21–25 Minuten frittieren, bis die Ränder goldbraun und knusprig sind. Dabei, falls das Gerät kein Rührelement hat, nach der Hälfte der Zeit durchschütteln (siehe Tipp Seite 8). Die Chips auf ein Kuchengitter geben und vollständig erkalten lassen (sie werden beim Abkühlen noch knuspriger).
5. Mit den restlichen Maniokscheiben ebenso verfahren.

Aufbewahrung

Die Maniokchips halten sich in einem luftdicht schließenden Behälter bis zu 1 Woche bei Raumtemperatur.

Hackbällchen mit Hoisin-Glasur

Diese leckeren Hackfleischbällchen erhalten durch Knoblauch, Ingwer und Frühlingszwiebeln extra viel Pepp, was durch die süße, frische Hoisinglasur wunderbar abgerundet wird.

Für 6 Portionen (Foto auf Seite 50)

1 Ei (Größe L)
500 g mageres Rinderhackfleisch
2 Knoblauchzehen, fein gehackt
30 g Semmelbrösel (am besten Panko, siehe Tipp Seite 37)
30 g fein gehackte Frühlingszwiebeln
1 TL gemahlener Ingwer
¾ TL Salz
1 Msp. frisch zerstoßener schwarzer Pfeffer
Hoisin-Glasur (siehe Seite 75)

Zum Garnieren

fein gehackte Frühlingszwiebeln
geröstete Sesamsaat

1. Die Heißluftfritteuse auf 180 °C vorheizen, falls erforderlich. Für die Hackbällchen das Ei in einer großen Schüssel verquirlen. Die restlichen Zutaten zugeben und grob vermengen. Zu 4 cm großen Kugeln formen.

2. Die Hälfte der Hackbällchen in gleichmäßigen Abständen in den Garkorb setzen und 9–13 Minuten frittieren, bis sie goldbraun und durchgegart sind. Mit den restlichen Fleischbällchen ebenso verfahren.

3. Die Hackbällchen auf Tellern anrichten und mit der Glasur überziehen.

Variation

Glutenfreie Hackbällchen

Ersetzen Sie die Semmelbrösel durch dieselbe Menge zerdrückte Cornflakes.

Tipp

Anstelle des Rinderhacks können Sie auch gehacktes Putenfleisch oder mageres Schweinehack verwenden.

Hackbällchen mit Hoisin-Glasur (Seite 49)

Frittierte Edamame
(Seite 53)
Frittierter Blumenkohl
(Seite 52)

Frittierter Blumenkohl

Die starke, gleichmäßige Hitze in der Heißluftfritteuse sorgt dafür, dass auch Blumenkohlröschen perfekt bräunen und wunderbar zart und knusprig schmecken. Olivenöl, Salz und Pfeffer ist alles, was Sie sonst noch brauchen.

Für 6 Portionen
(Foto auf Seite 51)

150 g	Blumenkohl, in 1 cm großen Röschen
1 EL	Olivenöl
1 Msp.	Salz
1 Prise	frisch gemahlener schwarzer Pfeffer

1. Die Heißluftfritteuse auf 200 °C vorheizen, falls erforderlich. Den Blumenkohl in einer mittelgroßen Schüssel mit Öl, Salz und Pfeffer vermengen.

2. Die Hälfte der Blumenkohlröschen in einer Schicht im Garkorb verteilen und 5–6 Minuten goldbraun frittieren. Dabei, falls das Gerät kein Rührelement hat, nach der Hälfte der Zeit durchschütteln (siehe Tipp Seite 8). Sofort servieren. Mit den restlichen Blumenkohlröschen ebenso verfahren.

Ersetzen Sie den Blumenkohl durch dieselbe Menge Brokkoli.

Frittierte Edamame

Edamame sind unreif geerntete Sojabohnen, die Sie vielleicht schon einmal in einem japanischen Restaurant serviert bekommen haben. Schauen Sie mal im Tiefkühlfach eines Asia-Marktes nach; Edamame lassen sich ganz einfach zubereiten.

Für 6 Portionen
(Foto auf Seite 51)

300 g TK-Edamame in den Hülsen, aufgetaut
2 TL Pflanzenöl
¼ TL Knoblauchpulver
¼ TL Salz
1 Prise Cayennepfeffer
Limettenspalten

1. Die Heißluftfritteuse auf 200 °C vorheizen, falls erforderlich. Die Edamame mit Küchenpapier trocken tupfen und in eine mittelgroße Schüssel geben. Mit Öl, Knoblauchpulver, Salz und Cayennepfeffer vermengen.

2. Die Edamame gleichmäßig im Garkorb verteilen und 12–15 Minuten frittieren. Dabei, falls das Gerät kein Rührelement hat, alle 5 Minuten durchschütteln (siehe Tipp Seite 8), bis die Hülsen dunkle Flecken haben. Sofort mit Limettenspalten zum Beträufeln servieren.

Tipps

Die Edamamehülsen sind nicht zum Verzehr geeignet. Traditionell werden die Kerne aus den Hülsen gezutzelt.

Karamellpopcorn

Popcorn kann nicht neu erfunden werden, aber mit einem feinen Karamellaroma und einer einfachen Zubereitung ist es schon etwas Besonderes. Der gleichmäßig heiße Luftstrom in der Fritteuse sorgt für einen perfekten Karamellüberzug, der das Popcorn superknackig, aber nicht klebrig macht.

Für 2 Portionen

Backtrennspray
20 g gepopptes Popcorn
1 EL brauner Zucker
1½ EL Butter, in kleinen Stücken
1 EL flüssiger Honig

Tipps

Sie können den Honig durch dieselbe Menge Ahornsirup, Reissirup oder Maissirup ersetzen.

1. Ein Stück Alufolie so zurechtschneiden, dass es den Boden des Garkorbs bedeckt, aber 1 cm bis zum Rand des Behälters frei bleibt (siehe Tipp Seite 9). Mit Backtrennspray einfetten und in den Garkorb legen.

2. Die Heißluftfritteuse auf 140 °C vorheizen, falls erforderlich. Das Popcorn in eine mittelgroße Schüssel füllen.

3. Zucker, Butter und Honig in eine kleine Pfanne geben, bei mittlerer Hitze unter Rühren schmelzen und zum Kochen bringen. Sofort über das Popcorn gießen und vermengen.

4. Das Popcorn in den vorbereiteten Garkorb geben, 8–12 Minuten erhitzen. Dabei, falls das Gerät kein Rührelement hat, das Popcorn ein- bis zweimal durchschütteln (siehe Tipp Seite 8). In eine große Schüssel füllen und vollständig erkalten lassen.

Variation

Sesam-Ingwer-Karamellpopcorn

Ersetzen Sie die Butter durch ½ Esslöffel geröstetes Sesamöl und rühren Sie zusätzlich ½ Teelöffel gemahlenen Ingwer mit Vanillearoma und Salz in den Karamell.

POP
CORN

Gebackene Hähnchenkeulen

In dieser leichten, einfachen Version von gebackenem Hähnchen werden Hähnchenkeulen in einer pikanten Buttermilchmarinade eingelegt, bevor sie in die leckere Panade eingehüllt werden. Dann müssen sie nur noch mit etwas Fett besprüht werden, damit sie eine superknusprige Textur bekommen.

Für 2 Portionen
(Foto auf Seite 58)

2 Hähnchenunterkeulen (ca. 250 g), trocken getupft
2 kleine Hähnchenoberkeulen (ca. 250 g), trocken getupft
150 ml Buttermilch
Salz und frisch gemahlener schwarzer Pfeffer
1 Msp. Cayennepfeffer
80 g Weizenmehl
1 TL Knoblauchpulver
1 TL Paprikapulver
1 TL Backpulver
Backtrennspray

1. Die Hähnchenunter- und -oberkeulen mit Buttermilch, ¼ Teelöffel Salz, 1 Messerspitze schwarzem Pfeffer und dem Cayennepfeffer in einen großen Gefrierbeutel mit Zippverschluss geben. Die Luft so gut wie möglich herausstreichen und den Beutel schließen. Im Kühlschrank mindestens 20 Minuten bzw. bis zu 12 Stunden marinieren.

2. In einem zweiten großen Gefrierbeutel das Mehl mit Knoblauchpulver, Paprikapulver, Backpulver, ¾ Teelöffeln Salz und ¾ Teelöffeln schwarzem Pfeffer mischen.

3. Zwei Hähnchenteile aus dem Beutel nehmen und abtropfen lassen. In den Mehl-Beutel geben. Den Beutel verschließen und schütteln, bis die Hähnchenteile eingehüllt sind. Herausnehmen und überschüssiges Mehl abklopfen. Mit gleichmäßigem Abstand in den Garkorb legen. Mit den beiden anderen Hähnchenteilen ebenso verfahren. Marinade und übrig bleibende Mehlmischung entsorgen. Die Hähnchenteile mit Backtrennspray einfetten.

4. Die Heißluftfritteuse auf 200 °C vorheizen, falls erforderlich. Die Hähnchenteile 20 Minuten frittieren. Mit einem Pfannenwender oder einer Küchenzange wenden und erneut mit Backtrennspray einfetten. Weitere 8–12 Minuten frittieren, bis die Haut goldbraun und knusprig ist. Zur Garprobe ein digitales Küchenthermometer in die dickste Stelle einstechen; die Kerntemperatur sollte bei 74 °C liegen. Alternativ ein scharfes Messer an die dickste Stelle des Schenkels einstechen; austretender Bratensaft sollte klar sein. Sofort servieren.

Tipps

Nach Belieben können Sie statt der Keulen zwei Hähnchenbruststücke am Knochen (insgesamt max. 500 g) verwenden.

Sie können auch ausschließlich Unter- oder Oberkeulen zubereiten.

Glutenfreies Hähnchen
Ersetzen Sie das Weizenmehl durch glutenfreies Allzweckmehl.

Pommes frites

Gibt es jemanden auf dieser Welt, der herrlich knusprige Pommes frites verschmäht? Jetzt können Sie sie auch ganz einfach selbst zubereiten, ohne ein schlechtes Gewissen zu haben!

Für 2 Portionen

500 g mehlig kochende Kartoffeln
heißes (nicht kochendes) Wasser
1 EL Pflanzen- oder Olivenöl
½ TL Salz

Tipps

Durch das Einweichen in heißem Wasser vor dem Frittieren wird den Kartoffeln Stärke entzogen, sodass sie besonders kross werden.

1. Die Kartoffeln schälen und längs in 5 mm dicke Stifte schneiden. In eine große Schüssel geben, mit heißem Wasser bedecken und 10 Minuten wässern. Das Wasser abgießen und die Kartoffelstifte trocken tupfen. Wieder in die Schüssel geben und sorgfältig mit Öl und Salz vermengen.

2. Die Heißluftfritteuse auf 180 °C vorheizen, falls erforderlich.

3. Die Hälfte der Kartoffelstifte in einer Schicht in den Garkorb geben und 5 Minuten frittieren. Die Kartoffelstifte mit einer Küchenzange wenden. Die Temperatur auf 200 °C erhöhen und die Pommes frites weitere 12–16 Minuten goldbraun frittieren. Sofort servieren. Mit den restlichen Kartoffelstiften ebenso verfahren.

Variationen

Knoblauch-Parmesan-Pommes

Mischen Sie in Schritt 3 noch 2 Teelöffel gehackten Knoblauch unter die Kartoffelstifte und vermengen Sie die fertigen Pommes mit 1 Esslöffel frisch geriebenem Parmesan und 1 Esslöffel frisch gehackter Petersilie (optional).

Cajun-Fritten

Ersetzen Sie das Salz durch 1 Teelöffel Cajun-Gewürzmischung. Bestreuen Sie die fertigen Pommes vor dem Servieren mit 1 Esslöffel frisch gehackter Petersilie.

Rosmarin-Pommes

Mischen Sie in Schritt 3 zusätzlich 1 Teelöffel frisch gehackten Rosmarin unter die Kartoffelstifte.

Veggie-Burger mit Chili-Mayonnaise

Bei meinen Freunden ist dies hier das mit Abstand beliebteste Burger-Rezept und begeistert Fleischesser und Vegetarier gleichermaßen. Die Chili-Mayonnaise ist denkbar einfach, und wenn man sie erst mal ausprobiert hat, weiß man, weshalb sie fester Bestandteil des Rezepts und nicht nur eine Variante ist.

Für 2 Portionen
(Foto auf Seite 62)

2	Knoblauchzehen, grob gehackt
30 g	grob gehackte Frühlingszwiebeln
1	kleine Dose schwarze Bohnen (ca. 400 g), abgespült und abgetropft, siehe Tipp
1	Ei (Größe L)
2 TL	Worcestersauce
¼ TL	Salz
30 g	Semmelbrösel (am besten Panko, siehe Tipp Seite 37)
2	Hamburger-Brötchen, durchgeschnitten und getoastet
	Backtrennspray
	Chili-Mayonnaise (siehe Seite 74)

Zum Servieren
Tomatenscheiben
Salat- oder Spinatblätter
Cheddar oder Schweizerkäse in dünnen Scheiben

1. Die Heißluftfritteuse auf 200 °C vorheizen, falls erforderlich. Knoblauch, Frühlingszwiebeln, die Hälfte der Bohnen, Ei, Worcestersauce und Salz im Mixer oder mit dem Pürierstab zu einer groben Paste verarbeiten.

2. Die Paste in eine mittlere Schüssel füllen und mit restlichen Bohnen und Semmelbröseln vermengen. Zwei Bratlinge (etwa 2 cm dick) aus der Masse formen.

3. Die Bratlinge von beiden Seiten mit Backtrennspray einfetten. In den Garkorb legen und 8 Minuten garen. Wenden und weitere 4–6 Minuten knusprig garen.

4. Die Bratlinge auf die untere Hälfte der Brötchen setzen. Die Chili-Mayonnaise daraufgeben und nach Wahl mit Tomatenscheiben, Salatblättern und/oder Käse belegen. Die oberen Brötchenhälften daraufsetzen und leicht andrücken. Sofort servieren.

Tipps

Sie benötigen ungefähr 250 g abgetropfte Bohnen.

Variation

Für vegane Burger verwenden Sie 3 Esslöffel vegane Mayonnaise anstelle der klassischen Eiermayonnaise.

Veggie-Burger mit Chili-
Mayonnaise (Seite 60)

Panierte Tilapiafilets mit
Wassermelonensalsa (Seite 64)

Panierte Tilapiafilets mit Wassermelonensalsa

Dieses leckere Gericht überzeugt mit knusprigen, würzigen, spritzigen und leicht süßlichen Aromen gleichzeitig. Mit diesem Rezept wird Tilapia Ihr neuer Lieblingsfisch!

Für 2 Portionen
(Foto auf Seite 63)

Wassermelonensalsa

150 g	Wassermelone in 5 mm großen Würfeln
2 EL	gehackte rote Zwiebel
1 EL	frisch gehackter Koriander
¼ TL	Salz
1 Prise	Cayennepfeffer
2 TL	frisch gepresster Limettensaft
1 TL	flüssiger Honig

Fisch

2 EL	Maismehl
2 EL	Weizenmehl
1 TL	gemahlener Kreuzkümmel
¼ TL	Salz
1	Ei (Größe L)
2	Tilapiafilets (à 175 g), siehe Tipp

Backtrennspray

1. Für die Salsa die Melonenwürfel in einer kleinen Schüssel mit Zwiebel, Koriander, Salz, Cayennepfeffer, Limettensaft und Honig vermengen. Abgedeckt bis zum Servieren im Kühlschrank ziehen lassen.

2. Die Heißluftfritteuse auf 180 °C vorheizen, falls erforderlich. Für den Fisch Maismehl, Weizenmehl, Kreuzkümmel und Salz in einer flachen Form mischen.

3. Das Ei in einer zweiten flachen Form verquirlen.

4. Die Fischfilets erst im Ei wenden, abtropfen lassen, dann in der Panade wenden. Überschüssige Panade abklopfen. Die Tilapiafilets mit regelmäßigem Abstand in den Garkorb legen. Mit Backtrennspray einfetten und 9–13 Minuten garen, bis die Panade goldbraun und der Fisch durchgegart ist. Sofort mit der Salsa servieren.

Tipps

Verwenden Sie statt Kreuzkümmel dieselbe Menge Chilipulver

Anstelle von Tilapiafilets können Sie anderen milden, weißfleischigen Fisch verwenden, wie Granatbarsch, Schnapper, Kabeljau oder Streifenbarsch.

Variation

Glutenfreie Tilapiafilets

Ersetzen Sie das Weizenmehl durch dieselbe Menge glutenfreies Allzweckmehl.

Lammkoteletts mit Minzsauce

Das kräftige Lammfleisch hält den intensiven Aromen von Knoblauch und frischer Minze hervorragend stand.

Für 2 Portionen

1	Knoblauchzehe, zerdrückt
¼ TL	Salz
1 Msp.	frisch zerstoßener schwarzer Pfeffer
1 EL	Olivenöl
4	kleine Lammkoteletts (à 90 g), pariert und trocken getupft

Minzsauce (siehe Seite 75)

1. Knoblauch, Salz, Pfeffer und Öl in einer Schale verrühren. Die Lammkoteletts von einer Seite damit bestreichen.

2. Die Heißluftfritteuse auf 200 °C vorheizen, falls erforderlich.

3. Das Fleisch mit der gewürzten Seite nach oben mit gleichmäßigem Abstand in den Garkorb legen und 8–11 Minuten (medium-rare) oder länger garen. Sofort mit der Minzsauce servieren.

Ratatouille

Die Zubereitung dieses vielseitigen sommerlichen Gemüsegerichts aus dem Süden Frankreichs ist mit der Heißluftfritteuse noch einfacher als ohnehin schon. Die Gemüsearomen können sich ohne jeden geschmacklichen Verlust verbinden und entwickeln. Diese Version ähnelt eher einem Gemüsesalat als dem klassischen Eintopf. Die konzentrierten Aromen und die frische Textur mit einem Hauch von Knoblauch machen daraus schnell ein Lieblingsgericht.

Für 2 Portionen

8	Cocktailtomaten
2	Knoblauchzehen, abgezogen und fein gehackt
1	kleine rote Paprika, in 1 cm großen Stücken
120 g	Aubergine, gewürfelt
60 g	Zucchini, gewürfelt
30 g	Zwiebel, abgezogen und gehackt
2 TL	Olivenöl
¼ TL	Salz
1 Msp.	frisch zerstoßener schwarzer Pfeffer
4 EL	frisch gehacktes Basilikum
2 EL	frisch geriebener Parmesan

1. Die Heißluftfritteuse auf 180 °C vorheizen, falls erforderlich. Tomaten, Knoblauch, Paprika, Aubergine, Zucchini, Zwiebel, Öl, Salz und Pfeffer in einer großen Schüssel vermengen.

2. Das Gemüse gleichmäßig im Garkorb verteilen und 13–17 Minuten garen. Dabei, falls das Gerät kein Rührelement hat, alle 5 Minuten durchschütteln, bis das Gemüse knackig gar ist (siehe Tipp Seite 8). Mit Basilikum und Parmesan bestreuen und sofort servieren.

Tipps

Sie können die Cocktailtomaten durch eine gewürfelte mittelgroße Romatomate ersetzen.

Das Basilikum kann durch dieselbe Menge frisch gehackte glatte Petersilie ersetzt werden.

Kürbis mit herbstlicher Fleischfüllung

Dieses Rezept können Sie wie unten beschrieben zubereiten; es lässt aber auch viel Spielraum für Variationen mit anderen Zutaten. Beispielsweise können Sie andere Trockenfrüchte verwenden oder Rosmarin anstatt Thymian; die Pekannüsse können durch Walnüsse ersetzt werden.

Für 2 Portionen
(Foto auf Seite 72)

1	kleiner Eichelkürbis (Acorn-Kürbis; etwa 625 g), längs halbiert und entkernt
	Backtrennspray
	Salz und frisch gemahlener schwarzer Pfeffer
125 g	grobe rohe Geflügel- oder Schweinsbratwurst (Pelle entfernt)
1	kleiner säuerlicher Apfel, geschält, entkernt und gehackt
4 EL	gehackte Zwiebeln
4 EL	getrocknete Cranberrys
¼ TL	getrockneter Thymian
2 EL	gehackte Pekannusskerne
1 EL	Ahornsirup

1. Das Kürbisfleisch mit Backtrennspray einfetten. Mit je ¼ Teelöffel Salz und Pfeffer würzen.

2. Die Kürbishälften mit der Schnittseite nach oben in den Garkorb setzen und 30–35 Minuten garen, bis das Kürbisfleisch weich ist.

3. Die Heißluftfritteuse auf 180 °C vorheizen, falls erforderlich. Inzwischen das Wurstbrät in einer beschichteten Pfanne bei mittlerer bis starker Hitze 5–7 Minuten braten und zerdrücken. Das Fett abgießen. Apfel, Zwiebel, Cranberrys und Thymian zugeben und unter Rühren weitere 7–8 Minuten braten, bis die Apfelstücke weich sind. Die Nüsse untermischen. Salzen und pfeffern.

4. Die Wurstmischung in die Kürbishälften füllen und mit dem Ahornsirup beträufeln. Weitere 5–7 Minuten in der Heißluftfritteuse garen, bis die Füllung goldbraun wird.

Tipps

Sie können die Cranberrys durch dieselbe Menge Rosinen oder getrocknete Kirschen ersetzen.

Wenn nicht beide Kürbishälften in die Fritteuse passen, garen Sie sie einzeln. Wärmen Sie die Füllung wieder auf, bevor Sie die zweite Hälfte damit füllen und in der Fritteuse garen.

Kürbis mit herbstlicher
Fleischfüllung (Seite 70)

Cremiger Chipotle-Dip

Chipotle-Chilis sind geräucherte Jalapeño-Chilis mit einem unverkennbaren Geschmack. Hier sind sie in einem cremigen Dip verarbeitet.

Ergibt 250 ml

1 EL Chipotle-Chilis aus dem Glas, Samen entfernt, oder andere Chilischoten aus dem Glas
1 EL frisch gehackter Koriander
125 g stichfester Joghurt
125 ml Mayonnaise
1 EL frisch gepresster Limettensaft
Salz und frisch gemahlener schwarzer Pfeffer

1. Chipotle, Koriander, Joghurt, Mayonnaise und Limettensaft in einer Schüssel verrühren. Mit Salz und Pfeffer abschmecken.

Variation

Statt Chipotle-Chilis aus dem Glas können Sie auch 1 Teelöffel Chipotle-Pulver oder Cayennepfeffer verwenden.

Aufbewahrung

Die Sauce hält sich in einem luftdicht schließenden Behälter bis zu 1 Woche im Kühlschrank.

Hoisin-Glasur

Hoisin-Sauce verleiht dieser Glasur einen süßlichen Geschmack.

Ergibt 125 ml

2 Knoblauchzehen, fein gehackt
½ TL gemahlener Ingwer
4 EL Hoisin-Sauce
2 EL Reisessig
1 EL Sojasauce
1 TL geröstetes Sesamöl

1. Knoblauch, Ingwer, Hoisin-Sauce, Essig, Sojasauce und Sesamöl in einer kleinen Schüssel glatt rühren.

Variation

Die Glasur hält sich in einem luftdicht schließenden Behälter bis zu 3 Tage im Kühlschrank.

Chili-Mayonnaise

Ergibt 175 ml

125 ml	Mayonnaise
1½ EL	Chilisauce, z.B. Sriracha
2 TL	frisch gepresster Limettensaft

Tipp

Frisch gepresster Zitronensaft kann anstelle von Limettensaft verwendet werden.

Sriracha-Sauce ist inzwischen auch bei uns in jedem Asia-Markt und in gut sortierten Supermärkten erhältlich.

1. Alle Zutaten in einer kleinen Schüssel glatt rühren.

Aufbewahrung

Die Mayonnaise hält sich in einem luftdicht schließenden Behälter bis zu 1 Monat im Kühlschrank.

Minzsauce

Diese Sauce stammt ursprünglich auch Südamerika und ist dort unter dem Namen Chimichurri bekannt. Meist werden dafür Petersilie und Koriander verwendet, aber mit frischer Minze ist sie die perfekte Sauce zu Lamm.

Ergibt 175 ml

1	Knoblauchzehe
20 g	frische Minzeblätter
¼ TL	Salz
1 Msp.	frisch gemahlener schwarzer Pfeffer
4 EL	Olivenöl
2 EL	Rotweinessig
2 TL	Honig

1. Alle Zutaten in der Küchenmaschine pürieren, bis sich eine glatte Sauce bildet.

Aufbewahrung

Die Sauce hält sich in einem luftdicht schließenden Behälter bis zu 3 Tage im Kühlschrank.

Tipps

Statt Rotweinessig können Sie auch Weißweinessig verarbeiten.

Der Honig kann durch dieselbe Menge Zucker ersetzt werden.

Variationen

Koriander-Chimichurri

Lassen Sie den Honig weg und ersetzen Sie die Minze durch dieselbe Menge Korianderblätter.

Petersilien-Chimichurri

Lassen Sie den Honig weg und ersetzen Sie die Minze durch dieselbe Menge glatte Petersilienblätter.

Register

ISBN 978-3-8094-3806-9

13. Auflage 2025

Umschlaggestaltung: Atelier Versen, Bad Aibling
Gestaltung: David Böhm
Fotos: Colin Erricson
Fotoassistenz: Matt Johannsson
Foodstylist: Michael Elliot
Requisite: Charlene Erricson
Herstellung: Elke Cramer
Projektleitung: Anja Halveland

Realisation der deutschen Ausgabe: trans texas publishing services GmbH, Köln
Übersetzung: Lisa Heilig, Köln

Druck und Bindung: Alföldi Nyomda Zrt., Debrecen

Printed in Hungary

Penguin Random House Verlagsgruppe FSC® N001967

Schokoladenküchlein mit flüssigem Kern

Knusperspeck

Klassische Donuts

Holländische Pfannkuchen

Plunderteilchen mit Schokoladen-Creme-Füllung

Lammkoteletts mit Minzsauce

Zwiebelblüte mit cremigem Chipotle-Dip

Süßkartoffelchips

Veggie-Burger mit Chili-Mayonnaise

Panierte Tilapiafilets mit Wassermelonensalsa

Ratatouille

Karamellpopcorn

Wantan-Chips mit pikantem Artischockendip

Kürbis mit herbstlicher Fleischfüllung